b)) 2268

COMMENT

LA CONSTITUTION

DE 1848

DEVRAIT ÊTRE RÉVISÉE.

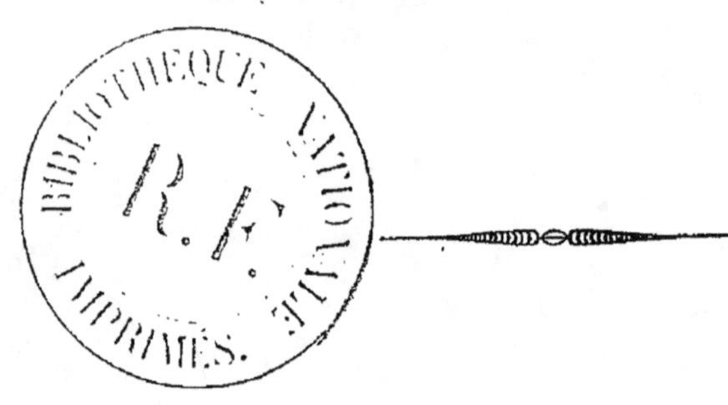

ORLÉANS.

IMPRIMERIE DE PAGNERRE.

1851.

COMMENT
LA CONSTITUTION

DE 1848

DEVRAIT ÊTRE RÉVISÉE.

I.

La discussion qui vient d'avoir lieu à l'Assemblée na
tionale au sujet de la révision de la Constitution, et le
discours de M. Odilon Barrot qui l'a terminée, ont démon-
tré avec tant d'évidence les vices et les dangers de la Constitution de 1848, que l'on peut dire qu'elle a reçu un coup
dont elle ne se relèvera pas ; néanmoins, la proposition a
été rejetée, et le résultat était prévu.

Avant trois mois, la proposition va se reproduire, et si
M. de Broglie et d'honorables collègues prennent une seconde fois l'initiative, ils feront bien d'en changer les
termes, pour ne pas donner à leurs adversaires le prétexte
de dire que la proposition tend à détruire la République.

Suivant le rapporteur, M. de Tocqueville, « dans l'état
de division où sont les esprits, qui peut dire ce que sera
et ce que fera une Constituante ? L'ordre peut y périr,
nous pourrons voir ressusciter une Convention. » Sans
exagérer les choses à ce point, je crois qu'une Constituante ne produirait, dans les circonstances actuelles, de

résultats satisfaisans, qu'autant que l'opinion publique se prononcerait sur la manière dont la Constitution devrait être révisée. Jusqu'à ce moment, il est plus raisonnable d'accueillir le vœu si généralement et si énergiquement exprimé : La possibilité de réélire légalement le Président de la République, quelque chose que l'on fasse, c'est aujourd'hui la question qui domine toutes les autres, et qui, je n'en doute pas, finira par prévaloir au sein de l'Assemblée nationale. Déjà elle doit voir, par le vote de quatre-vingts Conseils généraux, de presque tous les Conseils d'arrondissement, et par les pétitions ou adhésions de deux millions de citoyens de toutes les classes, que le torrent est bien près de déborder. Elle comprendra que des constituans, ou des hommes se disant tels, ont excédé leurs pouvoirs en restreignant la souveraineté nationale dans la plus magnifique de ses prérogatives, celle de choisir elle-même le chef qui doit présider à ses destinées. Ne pas proclamer l'erreur de ses devanciers, et se refuser plus long-temps à ce que la Constitution soit révisée, au moins sur ce point, ce serait donc manquer à sa haute mission.

Cette première satisfaction obtenue par l'opinion publique, amènera naturellement et nécessairement les autres changemens à faire subir à la Constitution. Chacun sentira d'abord que le dualisme politique sans contre-poids est l'idée la plus monstrueuse qu'aient pu rêver des hommes qui se sont donné la mission de doter leur pays d'institutions populaires; qu'il faut que la France sorte au plus tôt de ce cercle vicieux qui l'étreint et la réduit à l'impuissance ; qu'il y a par conséquent urgence de relever le pouvoir exécutif trop amoindri, et de replacer le pouvoir parlementaire dans les conditions dont il n'aurait jamais dû s'écarter, puisque la société s'est trouvée à deux doigts de sa perte.

Contrairement à l'avis de bien des gens, je crois que le principe de la souveraineté du peuple n'est pas une chimère. Je vais dès-lors essayer de prouver que par le suffrage universel, largement pratiqué et sagement compris, l'avenir se présente à la France avec plus de sécurité que par le rétablissement de la monarchie héréditaire.

II.

Les Constituans de 1848 ne peuvent plus se bercer d'illusions. Ils savent maintenant que pour donner des institutions nouvelles à un grand peuple, il ne s'agit pas de s'emparer de l'autorité par un tour de main, de proclamer la République, de faire soi-même une loi pour se distribuer les siéges au parlement, d'inscrire en tête d'une Constitution et sur les monumens publics la fameuse trilogie : liberté, égalité, fraternité ; mais qu'il faut que ces institutions, empruntées à des gouvernemens étrangers, aient été acceptées par l'opinion publique préalablement consultée, et que, sans cette condition essentielle, on ne recueille que l'animadversion de ses concitoyens, et plus tard une triste célébrité historique.

Comme l'a dit judicieusement M. Odilon Barrot, « si les hommes n'avaient pas mieux valu que les choses, il y a déjà long-temps que la Constitution de 1848 aurait disparu pour faire place, soit à une restauration monarchique quelconque, soit au socialisme. » Mais de ce que les choses se sont passées ainsi, la France peut-elle rester plus long-temps dans la situation précaire qui lui est faite par cette Constitution, c'est-à-dire l'agriculture aux abois, le commerce et l'industrie n'osant entreprendre aucune spéculation, les fortunes particulières délabrées, et le travail suffisant à peine pour faire vivre les classes ouvrières ? Je ne le pense pas ; et la société, pour ne pas périr, doit aviser elle-même à son salut.

Dans ce but, il faut envisager la situation sans crainte, se demander si en effaçant de la Constitution qui nou régit ce qu'elle a de mauvais, de dangereux, tout ce qui, en définitive, est cause des perplexités du pays, on ne parviendrait pas, au moyen de quelques changemens bien entendus, à une formule de gouvernement populaire, respectant tous les droits, approprié aux idées actuelles des masses, en un mot reliant les traditions du passé aux nécessités du présent.

Ce gouvernement, que je crois possible et conservateur de la paix publique, je vais tâcher de l'esquisser.

III.

On est forcé de reconnaître que depuis plus de soixante ans une lutte acharnée est engagée entre la monarchie héréditaire et la démocratie. Soutenue des deux côtés avec persévérance et des phases diverses, elle s'est terminée le 24 février 1848 par la victoire complète de la démocratie, c'est-à-dire l'établissement régulier du suffrage universel. Convient-il, aujourd'hui, de contester à la démocratie son triomphe, en cherchant à rétablir la monarchie héréditaire? J'incline à penser que, de toutes les combinaisons, ce serait la plus fâcheuse; car elle porterait en elle le germe d'une nouvelle révolution qui, cette fois, engloutirait monarchie et société.

On objectera qu'avec le suffrage universel, rien ne sera fondé d'une manière stable; qu'à chaque période de renouvellement des pouvoirs on sera livré aux caprices des masses et que, partant, on est exposé à retomber un jour ou l'autre sous le joug d'une Convention.

Certes, si le diverses populations de la France ressemblaient à celle de Paris ou de quelques grands centres industriels, je me rendrais à l'évidence. Mais qu'est donc Paris, que sont donc ces quelques centres d'industrie, comparativement à la population totale de la France? Ce que un est à dix, tout au plus; alors que redoute-t-on?

Les journaux de tous les partis répètent chaque jour, et à satiété, que la France est lasse des révolutions ainsi que des agitateurs, et qu'elle n'aspire qu'au repos. Il est aisé de la satisfaire : c'est d'appeler les masses le plus rarement possible aux élections politiques.

Une des grandes aberrations des Constituans de 1848 a été non-seulement de renouveler le pouvoir exécutif à l'expiration de quatre années ; mais encore de décréter la non-réélection du président de la République. Et c'est à un peuple habitué aux traditions monarchiques qu'on a imposé une condition de gouvernement qui entretient le pays dans une agitation continuelle ! Aussi, que voyons-nous ? De tous les points de la France on demande que l'article 45 soit abrogé, et que l'élu du 10 décembre puisse être continué dans les fonctions qu'il remplit depuis trois ans avec abnégation et sagesse.

Que le désir d'un aussi grand nombre de Français soit un avertissement pour les hommes appelés à réviser la Constitution ; écoutant les vœux et les besoins des populations, qu'ils ne craignent pas de fixer à dix ans la durée du pouvoir exécutif !

IV.

Une foule d'hommes éclairés, notamment les habitans des grandes villes, s'imaginent que le peuple, spécialement celui des campagnes, tient fort peu aux droits politiques que la révolution de février lui a conquis. Ils ont tort dans un sens et raison dans l'autre. Ici la vérité a l'apparence d'un paradoxe. Quiconque se rappelle l'élection du 10 décembre a pu voir l'empressement que le peuple des campagnes mettait à venir déposer son vote pour nommer ce que ceux-ci appelaient un gouverneur et ceux-là un roi. Comme ils le disent encore aujourd'hui : ils étaient loin de supposer qu'ils nommaient un président de la République, condamné à ne rien faire. A la première élection présidentielle, l'empressement des habitans de la campagne sera le même qu'au 10 décembre ; et si la minorité de l'Assemblée tient à conserver la République, elle se gardera bien de provoquer par sa résistance une nomination inconstitutionnelle.

Si l'on examine maintenant de quelle manière ont lieu les élections des représentans, on trouve dans le peuple des campagnes une indifférence presque absolue, surtout dans les élections partielles. On ne distingue seulement pas les bons d'avec les mauvais, dit-il, ou bien, pourquoi celui-ci plutôt que celui-là ? Est-ce que nous nous y entendons ? Est-ce que cela nous regarde ? Il faut les instances pressantes des hommes éclairés pour décider beaucoup d'électeurs estimables à se rendre au scrutin. Voilà ce qu'on appelle de la représentation ! A mon sens, il s'agit d'une loterie cent fois plus nécessaire à supprimer que l'ex-loterie royale.

Les Constituans de 1848 se sont abusés ; en voulant placer au-dessus du pouvoir exécutif le pouvoir parlementaire, ils ont tué ce dernier par l'exagération de son principe. Quel spectacle, en effet, depuis trois ans ! Sept cent cinquante souverains, usant d'une initiative exorbitante, formulant les propositions les plus bizarres, se consumant en discussions stériles, et, pour couronner l'œuvre, recevant individuellement 25 francs par jour qu'ils ne peuvent refuser, absorbant en pure perte un budget de plus de sept millions. Dans son bon sens le peuple croit qu'une exploitation quelconque ne peut marcher qu'avec un maître pour la diriger, et que s'il y en a plusieurs la perte est infaillible ; aussi a-t-il en profonde aversion le système de gouvernement actuel, qu'il appelle un mauvais règne, et aspire-t-il au moment où il en sera délivré.

Si je n'ai pas exagéré ce tableau de la situation, si le mal existe bien où je le signale, il ne faut pas différer pour y porter un remède actif, efficace. L'opinion publique doit donc, dès à présent, réclamer énergiquement une prompte révision de la Constitution avec ces deux condi tions : rééligibilité du président, et réforme parlemen taire.

V.

Je suis du nombre de bien des gens qui croyaient en toute sincérité que, dans un gouvernement constitutionnel, trois pouvoirs étaient indispensables pour qu'il fonctionnât convenablement. Depuis l'établissement de la République, mes idées se sont modifiées sur ce point. En Angleterre, en Amérique, qui doivent aux trois pouvoirs un haut degré de prospérité, l'utilité de ceux-ci est manifeste ; mais en France, pays unitaire, où les révolutions éclatent périodiquement sans jamais rencontrer d'obstacle dans un troisième pouvoir, deux pouvoirs sont bien suffisans, s'ils offrent ce que j'appellerai une force capable de les pondérer.

Cette force existe-t-elle en France? Pour moi cela est hors de doute ; je la trouve dans les Conseils généraux de département, auxquels on conférerait des attributions politiques.

A mon avis, le Conseil général est ou doit être l'expression la plus vraie du suffrage universel. Chaque canton ayant à se faire représenter, connaît sous le double rapport des opinions politiques et de la vie privée, l'homme auquel il donne mission de défendre ses intérêts ; d'où il suit qu'à de rares exceptions près, les Conseils généraux sont les organes de l'opinion publique dans chaque département.

Si le Conseil général du département est véritablement l'interprète de l'opinion publique, et en même temps celui des vœux et des besoins des populations, pourquoi ne le chargerait-on pas de nommer les représentans de ces populations à l'Assemblée nationale.

En investissant les Conseils généraux de pouvoirs aussi étendus, des abus deviennent possibles et j'en conviens, mais quel inconvénient trouverait-on, par exemple, à ce que le Conseil général désignât des candidats en nombre triple de la représentation, et parmi lesquels le Président de la République serait obligé de fixer son choix ? J'ignore si je m'abuse ; il me semble pourtant qu'avec deux pouvoirs seulement, c'est l'unique moyen de maintenir le pouvoir parlementaire dans ses véritables limites.

Si, par des explications données ultérieurement, l'on reconnaît qu'avec cette réforme parlementaire, disparaissent presque tous les vices et les dangers que présente la Constitution de 1848, sa révision deviendra simple ; l'inquiétude de l'avenir cessera, et l'on ne pensera plus à rétrograder à des institutions qui ont été éminemment utiles, mais qui ont fait leur temps. La loi du 31 mai, aujourd'hui l'objet de tant de clameurs, pourra être modifiée et même rapportée sans inconvénient ; la loi sur la presse dite Tinguy être abrogée, et la France reprendre la liberté d'action dont elle n'a guère joui depuis l'établissement du gouvernement constitutionnel, et que la révolution de février lui a complètement enlevée.

VI

Voici, d'après ce qui précède, les changemens que je propose à la Constitution.

Préambule.

Les huit articles maintenus, avec une nouvelle rédaction des articles 1 et 8.

Constitution.

Les art. 1, 2, 3, 4, 5, 6, 7, 8, 9 maintenus.

Art. 10. Le premier paragraphe maintenu, le second supprimé, les titres nobiliaires et les autres distinctions purement honorifiques ne blessant en aucune manière les sentimens du peuple.

Les art. 11, 12, 13, 14, 15, 16, 17 maintenus.

Des pouvoirs publics.

Les art. 18 et 19 maintenus.

Du pouvoir législatif.

Art. 20 maintenu.

Art. 21. Le nombre total des Représentans du peuple sera de six cents, y compris les représentans de l'Algérie et des Colonies françaises.

Art. 22, ainsi rédigé : La proposition des lois appartient au Président de la République et à l'Assemblée nationale.

Art. 23, 24, 25, 26, 27, 28 maintenus.

Art. 29 supprimé.

Art. 30. L'élection des représentans se fera par les Conseils généraux dans chaque département.

Le Conseil général élira des candidats en nombre triple de celui nécessaire pour représenter le département ; l'élection aura lieu individuellement au scrutin secret et à la majorité des voix. Le Président de la République sera tenu de fixer son choix dans cette liste de candidats, et de le faire connaître 15 jours après les opérations électorales.

Art. 31. L'Assemblée nationale est élue pour cinq ans et se renouvelle intégralement.

Quarante-cinq jours au plus tard avant la fin de la législature, une loi détermine l'époque des nouvelles élections.

Si aucune loi n'est intervenue dans le délai fixé par le paragraphe précédent, les Conseils généraux se réunissent de plein droit, le trentième jour qui précède la fin de la législature.

La nouvelle Assemblée est convoquée de plein droit pour le lendemain du jour où finit le mandat de l'Assemblée précédente.

Art. 32. Elle a chaque année une session qui commence le 15 novembre et finit le 15 juillet.

Durant la session elle peut s'ajourner à un terme qu'elle fixera.

Pendant la durée de la prorogation et l'intervalle des sessions, le bureau de l'Assemblée a le droit de la convoquer en cas d'urgence.

Le Président de la République a aussi le droit de convoquer l'Assemblée.

L'Assemblée nationale détermine le lieu de ses séances ; elle fixe l'importance des forces militaires établies pour sa sûreté, et elle en dispose.

Art. 33 maintenu.

Art. 34 supprimé.

Art. 35, 36 maintenus.

Art. 37. Aucune contrainte par corps ne sera exercée contre un représentant durant la session.

Aucun représentant ne peut, pendant la durée de la session, être poursuivi ni arrêté en matière criminelle, sauf le cas de flagrant délit, qu'après que l'Assemblée nationale a permis la poursuite.

Art. 38. Chaque représentant du peuple reçoit une indemnité de six mille francs.

Art. 39. Suppression du troisième paragraphe.

Art. 40, 41, 42 maintenus.

Du Pouvoir exécutif.

Art. 43, 44 maintenus.

Art. 45. Le Président de la République est élu pour dix ans et est toujours rééligible.

Art. 46. L'élection a lieu de plein droit le deuxième dimanche du mois de mai.

Dans le cas où, par suite de décès, de démission ou de

toute autre cause, le Président serait élu à une autre époque, ses pouvoirs expireront le deuxième dimanche du mois de mai de la dixième année qui suivra son élection.

Le Président est nommé au scrutin secret et à la majorité absolue des votans, par le suffrage direct de tous les électeurs des départemens français et de l'Algérie.

Art. 47. Les procès-verbaux des opérations électorales sont transmis immédiatement à l'Assemblée nationale, qui statue sans délai sur la validité de l'élection et proclame le Président de la République.

Si aucun des candidats n'a obtenu plus de la moitié des suffrages exprimés, et au moins deux millions de voix, ou si les conditions exigées par l'art. 44 ne sont pas remplies, l'Assemblée ordonne un scrutin de ballottage à un mois d'intervalle du premier entre les deux candidats éligibles qui ont obtenu le plus de voix.

Art. 48, 49, 50 maintenus.

Art. 51. Le Président ne peut céder aucune portion du territoire, ni proroger l'Assemblée nationale, ni suspendre en aucune manière l'empire de la Constitution et des lois.

Art. 52, 53, 54, 55, 56, 57, 58, 59, 60, 61 maintenus.

Art. 62. Il est logé aux frais de la République et reçoit un traitement de six millions par an.

Art. 63, 64, 65 maintenus.

Art. 66 ainsi remplacé : Dans le cas où il croirait l'Assemblée nationale en désaccord avec l'opinion publique, le Président de la République a le droit de consulter les Conseils généraux, et, sur l'avis conforme des deux tiers de ceux-ci, de dissoudre l'Assemblée.

L'élection de la nouvelle Assemblée nationale aura lieu dans le mois qui suivra la dissolution.

Art. 67 maintenu.

Art. 68. Les ministres, les agens et dépositaires de l'autorité publique sont responsables, chacun en ce qui le concerne, de tous les actes du Gouvernement et de l'administration.

Une loi déterminera les cas de responsabilité, ainsi que les formes et les conditions de la poursuite.

Art. 69 maintenu.

Art. 70 maintenu avec la suppression du troisième paragraphe.

Du Conseil d'État.

Art. 71, 72, 73, 74, 75 maintenus.

De l'administration intérieure.

Art. 76, 77, 78, 79, 80 maintenus.

Du pouvoir judiciaire.

Art. 81, 82, 83, 84, 85, 86, 87, 88, 89, 90, 91, 92, 93, 94, 95, 96, 97, 98, 99 maintenus.

Art. 100. Le Président de la République n'est justiciable que de la haute Cour de justice.

Il ne peut être poursuivi que sur l'accusation portée par l'Assemblée nationale, et pour crime de haute trahison. Ce crime sera déterminé par la loi.

De la force publique.

Art. 101, 102, 103, 104, 105, 106, 107 maintenus.

Dispositions particulières.

Art. 108, 109, 110 maintenus.

Art. 111. Lorsque dans la dernière année d'une législature, l'Assemblée nationale aura émis le vœu que la Constitution soit modifiée en tout ou en partie, il sera procédé à cette révision de la manière suivante :

Le vœu exprimé par l'Assemblée ne sera converti en résolution définitive qu'après avoir été soumis au peuple représenté par les Conseils généraux de département ; si les deux tiers de ceux-ci se prononcent pour la modification de la Constitution, l'Assemblée votera la révision par la législature qui lui succédera.

Dispositions transitoires.

Art. 112, 113, 114 maintenus.

Art. 115 supprimé.

Art. 116. Il sera procédé à la seconde élection du Président de la République, conformément à la loi qui sera rendue par l'assemblée de révision.

VII.

Il me semble que la Constitution, ainsi révisée, présente les garanties désirables pour l'ordre et même la liberté. L'élection directe des représentans et l'initiative parlementaire de chacun d'eux; la permanence de l'Assemblée nationale, les Assemblées constituantes de neuf cents membres qui ne constituent qu'une dépense inutile; la commission de permanence dont le rôle jusqu'ici s'est borné à mettre heureusement sans succès le pays en suspicion contre le Président de la République; tout ce qui peut causer l'agitation du pays disparaît. En compensation, le pouvoir exécutif est fixé à dix ans, on le relève de l'amoindrissement que des sectaires jaloux lui ont fait subir; le pouvoir parlementaire, sans être humilié, rentre dans ses véritables limites, il ne peut plus que le bien et s'opposer au mal; l'horizon s'éclaircit, les populations sont rassurées sur leur avenir; la clé de voûte de l'édifice repose à la vérité en partie sur le choix du Président de la République nommé par tous les électeurs de la France et de l'Algérie, sans que jamais l'Assemblée nationale intervienne. En fixant à deux millions de voix l'élection du Président, il n'y a pas à craindre de voir quelque démagogue fameux promu à cette dignité. Pour quiconque connaît les idées des habitans des campagnes à ce sujet, cela ne fait pas doute ; c'est donc une chimère ou un épouvantail que ne redoute aucun esprit réfléchi et sérieux.

La nomination d'un prince, ou tout au moins d'un homme éminent étant à peu près assurée, ne devient-il pas logique de donner à cet élu du suffrage universel les moyens de gouverner ? L'élection directe des représentans par ce même suffrage universel rend la chose impossible. On voit trop souvent de simples représentans se croire les égaux de l'élu de près de six millions de Français, jusqu'à la tribune le poursuivre de leurs sarcasmes et conspuer son gouvernement. Il faut mettre absolument un frein à cet orgueil parlementaire. Le mode d'élection proposé semble sur ce point d'une efficacité incontestable.

Les deux pouvoirs élus comme je l'ai indiqué ci-dessus devront nécessairement marcher d'accord, et la simplicité du mécanisme gouvernemental empêchera les factions, quelles qu'elles soient, de lever la tête. Le président et les ministres pouvant être mis en jugement, l'Assemblée nationale pouvant être dissoute, les deux pouvoirs placés sous la surveillance du pays par les Conseils généraux, éviteront, il est du moins permis de l'espérer, tous conflits de nature à agiter le pays.

Reste un cas en-dehors des vraisemblances. Le Président élu serait un démagogue et il trouverait dans les candidats élus par les Conseils généraux des démagogues en nombre suffisant pour former une majorité au sein de l'Assemblée nationale, ce jour-là nous toucherions au mardi-gras révolutionnaire du sieur Proudhon, et le despotisme serait la dernière ressource pour nous préserver d'un épouvantable cataclysme. Au contraire, si les Conseils généraux font de bons choix, l'Assemblée paralyse le Président dans les mauvaises intentions qu'il aurait, le force à se retirer ou le met en accusation.

VIII.

Je m'attends à l'avance à cette objection : Avec les changemens que vous proposez d'introduire à la Constitution nous ne serons plus en République? Je réponds, il y aura toujours une République, puisque nous jouirons d'un gouvernement de par le peuple et pour le peuple; seulement ce ne sera plus une République d'instabilité, d'agitation et de désordre. On me dira peut-être encore, mais c'est une espèce de royauté élective et temporaire que vous allez établir, comment la faire durer, là est le nœud de la difficulté? A mon tour je demanderai pourquoi cette espèce de royauté n'aurait qu'une existence éphémère? Blesse-t-elle en [quoi que ce soit la souveraineté nationale? Ne soumet-elle pas au plus humble des citoyens l'élection de son premier magistrat, de celui qui présidera aux destinées de la patrie? Le même citoyen ne choisit-il pas encore dans son canton l'homme qui doit défendre ses intérêts au Conseil général? Ne se préoccupera-t-il pas de l'idée qu'en l'investissant de sa confiance, il le charge encore de désigner comme candidats à la représentation nationale les hommes qui lui semblent les plus dignes et les plus capables d'exposer au gouvernement ses vœux et ses besoins? J'avoue que parmi les candidats qu'on lui présente, le chef de l'Etat exerce son choix ; mais cette faculté est un nouvel hommage rendu au principal élu de la nation, dès qu'il peut admettre ceux qu'il croit animés des meilleurs sentimens et les plus aptes à faire de bonnes lois ; dès qu'il peut écarter ces têtes ardentes, ces chefs de parti véritables brouillons qui ne montent à la tribune que pour attiser les passions mal éteintes et souffler la discorde sur leur pays.

La souveraineté du peuple se trouvant respectée dans ses droits les plus essentiels, ce gouvernement sera durable et durera. Que pourraient objecter les opposans, ceux mêmes qui appartiennent au dernier degré de l'échelle sociale? Pour former ce qu'ils appellent leurs conclaves, comités de surveillance, on les voit recourir à des élections à deux, à trois degrés, et proclamer bien haut leurs nominations comme le vœu sincère de la démocratie. Usons des armes que l'ennemi nous donne; par des lois élaborées avec maturité et sagesse, faisons siéger au parlement des hommes qui, à l'instar de ceux de l'Angleterre, dédaignant l'esprit de coterie, s'inspirent uniquement de l'amour de la patrie.

M'est-il permis d'espérer que ce système de gouvernement ayant l'appui de tous les hommes intéressés à l'ordre, la résistance de la minorité de l'Assemblée actuelle sera vaincue par la pression toujours croissante de l'opinion publique imposée par les électeurs, comme condition *sine qua non* à leurs nouveaux mandataires, je ne suppose pas que son adoption rencontrât une forte opposition. Grâce à Dieu, les hommes qui désirent que la France jouisse enfin du repos dont elle a tant besoin sont encore les plus nombreux !

Suivant un vieil adage, la bonne politique fait les bonnes finances, avec non moins d'exactitude on pourrait dire que les bonnes institutions les rendent encore bien meilleures. La révision de la Constitution, dans le sens que j'indique (on excusera cette présomption paternelle), ramènerait la confiance, mettrait un terme aux souffrances de l'agriculture, donnerait un tel essor au commerce et à l'industrie, qu'on pourrait, sans imprévoyance, renvoyer dans leurs foyers un grand nombre de soldats. Une économie de 150 millions peut-être sur le budget permettrait de réduire, dans une forte proportion, l'impôt foncier, de supprimer les octrois, et d'imprimer aux travaux publics toute l'importance et l'activité que la révolution de février a si fâcheusement interrompues.

J'ignore les destinées que l'avenir réserve à mon pays,

mais j'ai confiance dans son étoile. Dieu merci, indépendamment des moyens d'action de son Gouvernement, la France renferme encore dans son sein assez de braves et généreux citoyens pour comprimer la démagogie et la réduire à l'impuissance. Il faudrait désespérer de l'humanité si une nation qui se glorifie à bon droit de marcher à la tête de la civilisation, pouvait jamais retomber sous le joug des barbares.

CONCLUSION.

Avant de publier cet écrit, je me suis demandé plusieurs fois quel accueil il recevrait du public, et s'il deviendrait utile dans les circonstances actuelles. Rien que je sache n'ayant encore été sérieusement proposé pour remplacer ce qui nous régit, j'ai pris l'initiative, avec l'espoir de stimuler les hommes d'Etat à formuler un système de gouvernement d'accord avec les mœurs, les traditions et le génie du peuple français, par conséquent susceptible d'obtenir l'assentiment de tous les honnêtes gens.

Je ne me suis arrêté à la forme de gouvernement que je conseille d'adopter qu'après m'être livré à un examen approfondi de la situation. Je crois que depuis trois ans les différens partis, malgré quelques transformations, sont restés ce que j'appellerai l'arme au bras, chacun attendant le dénoûment de la crise à son profit. Dans de telles conditions, il y aurait par conséquent folie à vouloir reconstituer une monarchie héréditaire quelconque avec chance de durée. La souveraineté du peuple, je veux dire le suffrage universel, est donc aujourd'hui la seule base d'un gouvernement possible, mais aussi le dernier échelon des réformes, au-delà duquel il n'y a plus qu'anarchie. Contre ce puissant instrument d'administration semblent devoir se briser les intrigues des monarchies constitutionnelles, les calculs des ambitieux de tout étage, j'ajouterai même les efforts de la presse anarchique.

S'il est permis d'augurer du suffrage universel par ce qu'il a déjà produit en 1848 et 1849, sous une administration qui n'avait rien négligé pour préparer des élections à son point de vue, il a donné un Président héritier du plus grand nom des temps modernes, puis deux assemblées, dont la première, après des tergiversations nombreuses, a fini par fonder un gouvernement régulier ; et la seconde, sans être homogène, présente toujours une imposante majorité dans la plupart des questions où l'intérêt du pays se trouve engagé. Il devient donc à peu près certain qu'avec une administration ferme et vigilante, déjouant les menées des anarchistes, les futures élections seront préférables à celles de 1849.

D'après mon système, le peuple nomme seul et directement le Président de la République, belle et noble prérogative, à laquelle il attache plus d'importance qu'on ne le suppose généralement. Si l'ancien adage est vrai, la voix de tout un peuple civilisé n'élèvera au pouvoir qu'un homme distingué par l'illustration de sa naissance, sa capacité ou ses vertus. Dans cette prévision, je lui alloue un traitement annuel de six millions de francs, pour représenter dignement la France vis-à-vis des gouvernemens étrangers, tarir les larmes d'une foule de malheureux, encourager les arts et maintenir à nos industries de luxe cette supériorité constatée récemment encore dans une mémorable exposition.

L'élection des représentans par les Conseils généraux rendra un véritable service à presque tous les électeurs des campagnes, qui voient d'un œil assez indifférent tel ou tel personnage occuper la fonction, pourvu qu'un bon Gouvernement assure à un prix avantageux l'écoulement de leurs produits, les mette à même de gagner leur vie et d'élever leurs familles. Elle les délivrera des obsessions auxquelles ils sont en butte à l'époque des élections ; craignant, s'ils sont fermiers ou domestiques, de déplaire à leurs propriétaires ou maîtres en ne votant pas pour les candidats qu'on leur désigne. Dans certaines localités, redoutant les menaces des anarchistes s'ils refusent leurs voix à ces derniers, ne s'occupant d'élections politiques qu'à de rares intervalles, c'est-à-dire pour nommer le Président de la République ou le conseiller général de leur canton, il leur sera donné de voter à peu près en toute liberté de conscience.

Envisagée sous un autre point de vue, l'élection des représentans par les Conseils généraux assure aux divers intérêts une représentation plus équitable. Sous les deux dernières monarchies, qu'ont produit les élections des députés par le cens électoral? Des chambres étrangères aux véritables intérêts du pays. L'agriculture, qui fait vivre 25 millions d'hommes sur 36, y figurait dans une proportion insignifiante ; le commerce et l'industrie avaient une prépondérance marquée ; les fonctionnaires publics formaient le surplus. On pouvait croire que le suffrage universel changerait cet état de choses ; mais il le continue. Avec l'élection par les Conseils généraux, l'anomalie disparaît. Les cantons ruraux, dans presque tous les départemens, étant les plus nombreux, il en résulte une oligarchie terrienne, laquelle envoie au parlement un nombre de représentans suffisant pour assurer à la propriété foncière ou à l'agriculture une prépondérance incontestable dont le pays ressentira promptement les effets ; car les hommes chargés de représenter l'agriculture ne donneront leur concours qu'à une Constitution nouvelle qui, par la sagesse de ses dispositions, préservera la France de nouvelles agitations. Alors, seulement alors, l'agriculture redeviendra florissante, et sa prospérité exercera une salutaire influence sur toutes les autres branches de la richesse publique.

Je ne pousserai pas plus loin les explications ; car la tâche que je me suis imposée est accomplie. Intimement convaincu que du mode de gouvernement que je propose dépend la sécurité de l'avenir, je n'ai pas la prétention de croire que l'on ne pourrait imaginer rien de mieux. Pour la dernière fois, je répète donc qu'en publiant cet écrit mon but a été de soumettre aux homme d'Etat de la France quelques idées inspirées par le simple bon sens, et de les stimuler à opérer entre les partis qui nous divisent d'honorables transactions au moyen desquelles ils parviendraient à tirer la patrie de l'impasse où la révolution de février l'a jetée.

Le 10 novembre 1851.

G....

FIN.

www.ingramcontent.com/pod-product-compliance
Lightning Source LLC
Chambersburg PA
CBHW051200050726
47594CB00007B/2986